Bibliografische Information der Deutschen Nationalbibliothek:

Die Deutsche Bibliothek verzeichnet diese Publikation in der Deutschen National-bibliografie; detaillierte bibliografische Daten sind im Internet über http://dnb.d-nb.de/ abrufbar.

Impressum:

Copyright © 2009 GRIN Verlag, Open Publishing GmbH
Druck und Bindung: Books on Demand GmbH, Norderstedt Germany
ISBN: 9783668294967

Dieses Buch bei GRIN:

http://www.grin.com/de/e-book/135401/virtualisierung-von-betriebssytemen-im-server-und-pc-bereich-definition

Michael Rongen

Virtualisierung von Betriebssytemen im Server- und PC-Bereich. Definition, Ausprägungen und Funktionsweisen

GRIN Verlag

GRIN - Your knowledge has value

Der GRIN Verlag publiziert seit 1998 wissenschaftliche Arbeiten von Studenten, Hochschullehrern und anderen Akademikern als eBook und gedrucktes Buch. Die Verlagswebsite www.grin.com ist die ideale Plattform zur Veröffentlichung von Hausarbeiten, Abschlussarbeiten, wissenschaftlichen Aufsätzen, Dissertationen und Fachbüchern.

Besuchen Sie uns im Internet:

http://www.grin.com/

http://www.facebook.com/grincom

http://www.twitter.com/grin_com

Projektarbeit

Thema:

„Virtualisierung –

Definition, Ausprägungen und

Funktionsweisen"

An der Fachhochschule Köln

im Fachbereich Informatik

erstellte Projektarbeit

im Studiengang Wirtschaftinformatik VB

Michael Rongen

Aachen, den 17. August 2009

Inhaltsverzeichnis

1. Ziel und Motivation der Arbeit

Diese Arbeit befasst sich mit der Virtualisierung von Betriebssystemen im Server- und PC-Bereich zur Unterteilung der real vorhandenen Hardwareressourcen in unabhängige logische Systeme und damit zur Entkopplung der Betriebssysteme von konkreter Hardware. Ziel ist es, eine höheren Flexibilität der Betriebssysteme und eine höhere Auslastung der realen Hardware durch Parallelbetrieb mehrerer Betriebssysteme zu ermöglichen.

Zu Beginn soll definiert werden, was Virtualisierung im Kontext dieser Arbeit ist, um anschließend die grundlegenden Chancen und Risiken dieser Idee zu beschreiben. Nach einem Überblick über die Entwicklung der Virtualisierung von den Anfängen bis hin in die Gegenwart sollen die verschiedenen Virtualisierungsverfahren und -techniken theoretisch und anhand ihrer Umsetzung in konkreten Produkten dargestellt und kritisch gewürdigt werden. Im Anschluss sollen diese Ansätze verglichen, eine Auswahlhilfe geboten und eine Prognose der zukünftigen Entwicklungen gewagt werden.

2. Definition Virtualisierung

Eine eindeutige, allgemeingültige Definition des Begriffs Virtualisierung existiert in der Informatik nicht, da viele unterschiedliche Konzepte und Technologien unter diesem Begriff zusammenfallen. Virtuell bedeutet dem lateinischen Ursprung nach „möglich", im angewendeten Sinne „scheinbar", „nicht tatsächlich vorhanden".

Darauf aufbauend ist folgende Definition von Virtualisierung im Kontext dieser Arbeit als erste Annährung treffend:

„[Virtualisierung ist das] Betreiben von Systemkomponenten in einer abstrakten, meist von ihren konkreten Basisgeräten abgehobenen Umgebung."[1]

„[Eine virtuelle Maschine ist eine] Abstraktion eines ganzen, logischen Computers."[2]

Moderne Multitasking-Multiuser-Rechner sind ohne Virtualisierung von Teilsystemen undenkbar. So greifen die konkreten Anwendungsprogramme beispielsweise nur auf eine virtuelle CPU zu und benutzen einen virtuellen Arbeitsspeicher. Mit dieser hardwarenahen Art von Virtualisierung soll sich diese Arbeit nicht beschäftigen. So kann eine Definition von Virtualisierung im hiesigen Kontext lauten:

---

[1] Fischer; Hofer, Lexikon der Informatik, S. 905.
[2] Fischer; Hofer, Lexikon der Informatik, S. 906.

Virtualisierung im Betriebssystemkontext ist dadurch gekennzeichnet, dass eine zusätzliche logische Ebene das Betriebssystem von der realen Hardware, von der dieses im Endeffekt ausgeführt wird, abstrahiert und diesem logische Hardware bereitstellt, die möglichst transparent genutzt werden kann.

3. Chancen der Virtualisierung

Im Folgenden werden stichpunktartig die grundlegenden Chancen des Virtualisierungsansatzes damit die Motivation, diese Technik einzusetzen, dargelegt:

Bessere Auslastung der realen Hardware: Die Reaktions- und Arbeitsgeschwindigkeit des menschlichen Anwenders ist verglichen mit der Ausführungsgeschwindigkeit eines Computers extrem langsam. Während des Wartens auf eine Eingabe ist die vorhandene Rechenkapazität zu großen Teilen ungenutzt. Auch ist die Verarbeitungsgeschwindigkeit eines heutigen PCs so groß und die Hardwareausstattung so leistungsfähig, dass bei den typischerweise darauf ausgeführten Arbeiten ein enormes Potential brach liegt.

Geringere Gefahr von Hardwareausfällen: Das Betreiben eines großen physikalische Rechners anstelle mehrerer kleinerer senkt statistisch die Gefahr von Hardwareausfällen. Zudem kann ein zentraler Rechner einfacher mit redundanter Hardware ausgestattet werden, die einen planmäßigen Betrieb auch bei Ausfall einzelner Teilsysteme ermöglichen. Selbst wenn nach einem Ausfall eine Hardwarekomponente durch eine andere, nicht baugleiche, ersetzt werden muss, ändert sich die virtuelle Hardware der Gäste nicht, so dass diese nicht angepasst werden müssen. Während des Betriebs auf realer Hardware kann beispielsweise ein Mainboard eines Herstellers nach einem Ausfall allgemein nicht durch eines eines anderen Herstellers ersetzt werden, ohne das Betriebssystem anzupassen oder komplett neu zu installieren.

Geringerer Verwaltungssaufwand: Im Hosting-Bereich hat die Virtualisierung das Angebot an „Root-Servern"[3] explodieren lassen. Nach einmaligem Konfigurieren und Installieren einer Vorbildumgebung kann diese als virtueller Rechner beliebig oft kopiert und einem Kunden als eigene Instanz bereitgestellt werden. So kann eine komplette Umgebung in wenigen Sekunden erzeugt werden.

---

[3] Unter einem Root-Server (Synonym: dezidierter Host) im Webhostingbereich versteht man eine komplette Betriebssystemumgebung, die einem Kunden zur Verfügung gestellt und über die dieser frei verfügen kann.

Einfache Wiederherstellung im Fehlerfall und höhere Verfügbarkeit: Um von einer virtuelle Maschine eine Sicherung zu erstellen, reicht es meist, einige wenige Dateien zu sichern, die die virtuelle Maschine darstellen. So lassen sich umkompliziert verschiedene Zustände der Maschine und deren Daten speichern und im Fehlerfall wiederherstellen. Ebenso ist es leicht möglich, virtuelle Maschinen auf einen anderen Host zu verschieben, oft sogar ohne Verbindungsunterbrechung.

Geringere Betriebsstoffkosten und Serverkonsolidierung: Durch Virtualisierung lässt sich als Konsequenz der besseren Ausnutzung der Hardware sowie durch geringere Verlustleistung der zentralen Hardwarekomponenten der Strombedarf einer Serverumgebung verringern. Ebenso entsteht weniger Abwärme, die durch Klimatisierungsgeräte abgeführt werden muss.

Bessere Möglichkeiten zur Erkennung von Malware und Rootkits: Moderne Kernelrootkits sind in der Lage, jeden Teil eines Betriebssystems, welches sie infiziert haben zu unterwandern, also auch die Erkennungsalgorithmen von Anti-Viren-Programmen. In solchen Fällen ist es kaum möglich, die Infektion innerhalb des Betriebssystems zu entdecken. Antivirensoftware, die in die Virtualisierungssoftware, den Hypervisor, integriert ist und auf dessen Eben läuft kann jedoch von Malware in den virtuellen Maschinen nicht beeinflusst werden.

4. Risiken der Virtualisierung

Auch bei der Virtualisierung stehen den Chancen Risiken und neue Herausforderungen gegenüber:

Höhere Komplexität der Umgebung: Jede zusätzliche Komplexität im Betrieb einer Serverumgebung birgt Risiken: Je komplexer eine Umgebung ist, desto fehleranfälliger, wartungsaufwändiger und im Endeffekt auch teurer ist sie. Aus diesem Grund ist es im Regelfall erstrebenswert, eine IT-Umgebung so einfach wie möglich und nur so komplex wie nötig werden zu lassen. Virtualisierung erhöht durch eine zusätzliche Abstraktions- und Managementebene die Komplexität.

Performanceprobleme: Die zusätzliche Ebene der Virtualisierungsverwaltung belegt Ressourcen, die für die Gäste nicht mehr zur Verfügung stehen. Der Wunsch, durch Virtualisierung die reale Hardware möglichst gut auszulasten ist eine Gradwanderung, da der Schritt von der optimalen Auslastung hin zur Überlastung des Hostsystems gering ist. Um dies zu vermeiden müssen die den Gästen zugeteilte Ressourcen begrenzt und laufend überwacht werden, um zu verhindern, dass ein Gast durch übermäßigen Ressourcenverbrauch das Gesamtsystem verlangsamt.

Single Point of Failure: Sind viele Systeme auf einem virtuellen System konzentriert, ist die Wahrscheinlichkeit eines Hardwareausfalles zwar mathematisch geringer, fällt das Hostsystem aufgrund einer Softwarefehlfunktion oder eines Hardwareschadens jedoch trotzdem aus, sind alle Gäste nicht verfügbar. Dürfen verschiedene Teilsysteme nicht gleichzeitig betroffen sein, ist eine aufwändige Planung von Redundanzen durch komplexe Virtualisierungssysteme und eigenständiger Hardware nötig.

Böswillige Hypervisoren: Es existieren Konzeptstudien und Projekte (beispielsweise SubVirt[4], Blue Pill[5] oder Vitrol[6]) zu Malware, die aktiv die praktisch allmächtigen Kontrollfunktionen, die eine Virtualisierungssoftware über ihre Gäste besitzt, ausnutzen. Diese versuchen, die Virtualisierungssoftware zur Kontrolle der Gäste zu unterwandern und somit alle Vorgänge auf den Gästen zu überwachen und zu kontrollieren oder unbemerkt Systeme in virtuelle Maschinen unter ihrer Kontrolle zu verschieben. Solche Malware ist schwer nachzuweisen, allerdings durch die Manipulation der Prozessoranweisungen der Gäste sehr rechenintensiv und somit nach heutigem Kenntnisstand zumindest indirekt nachweisbar.

5. Geschichtliche Entwicklung

Die Ideen der Virtualisierung sind fast so alt wie die moderne Informationstechnik. Die Grundlagen wurden bereits in den 1960er Jahren entwickelt. Zu jener Zeit trat ein enormer und stetiger Leistungszuwachs der Rechenleistung der damaligen Computersysteme zu Tage, die Gordon Moore in seinem berühmten „Moorschen Gesetz"[7] festhielt. Ursprünglich prophezeite Moore, dass sich die Komplexität integrierter Schaltkreise, beispielsweise bewertet durch die Integrationsdichte, somit auch die Leistungsfähigkeit jedes Jahr verdoppelt (diese Faustregel gilt auch heute noch, allerdings geht man von einer Verdopplung alle 18 Monate aus). Durch diesen Leistungsanstieg verschob sich die Ansicht, in welchem Bereich typischerweise Flaschenhälse die Arbeit mit Computersystemen verlangsamen, von der Hardware hin zur Software. Galt es bisher durch hoch optimierte Algorithmen die vorhandene, langsame Hardware gut auszunutzen, so stellte sich nun heraus, dass die leistungsfähigere Hardware

---

[4] King; Chen; et al., SubVirt: Implementing malware with virtual machines, University of Michigan and Microsoft Research. http://www.eecs.umich.edu/-pmchen/papersiking06.pdf

[5] Rulkowska, Subverting Vista Kernel for fun and profit, COSEINC Research, Advanced Malware Labs. http://www.invisiblethings.org/papers/joanna%20rutkowska%2o-%20subverting%20vista%20kernel.ppt

[6] Zovi, Hardware Virtualization Rootkits, Matasano. http://www.blackhatcom/presentationslbh-usa-06/BH-US-06-Zovi.pdf

[7] Vgl. Moore, Cramming more components onto integrated circuits

von der Software nicht gänzlich ausgelastet werden konnte. Aus dieser Motivation heraus wurden unter anderem Timesharing-Systeme für den Multitaskingbetrieb und schließlich der allgemeinere Ansatz der Virtualisierung entwickelt.

Robert P. Goldberg legte den theoretischen Grundstein 1972 mit seiner Dissertation „Architectural Principles for Virtual Computer Systems"[8] an der Harvard University, im gleichen Jahr brachte IBM das Mainframesystem VM/370 mit einem Hypervisor, damals „Control Program" genannt, auf den Markt, welches in der Lage war, verschiedene virtuelle Maschinen (VM) mit unterschiedlichen Betriebsystemen gleichzeitig auszuführen.
1974 beschrieben Goldberg und Popek die grundlegenden Anforderungen einer Virtualisierungssystemarchitektur in ihrem Artikel „Formal requierements for virtualizable third generation architectures"[9], in dem drei wesentliche Anforderungen an eine solche Umgebung gestellt werden: Äquivalenz (die virtuelle Maschine soll sich in ihrem Verhalten nicht von realer Hardware unterscheiden), Ressourcenkontrolle (die Gastsystemen sollen die vollständige Kontrolle über ihre virtuelle Hardware behalten) und Effizienz (ein hinreichender, aber nicht weiter quantifizierter Wirkungsgrad soll erreicht werden)[10].

Mit dem Niedergang der Großrechner in den 1980er Jahren und dem Aufstieg der nun in ihrer Rechenleistung konkurrenzfähigen PCs, bewegte sich der Entwicklungsfokus weg vom Ansatz der Virtualisierung. Doch auch dieser Trend schwächte sich ab, spätestens um die Jahrtausendwende gewann die Zentralisierung von IT-Systemen mit Blick auf die Total Cost of Ownership (TCO) allgemein wieder an Bedeutung. Der Fokus der Virtualisierung liegt allerdings nun auf kleinen bis mittleren Servern sowie PC-Systemen als Hosts für virtuelle Maschinen. So stellte die 1998 gegründete Firma VMware 1999 ihre Virtualisierungslösung in diesem Bereich, VMware Workstation, vor und begründete damit einen Trend, der noch heute anhält und in neuen Bereichen fortgeführt wird.

6. Virtualisierungsverfahren und technische Ansätze

Die im Folgenden aufgeführten Verfahren sind als idealtypisch anzusehen. Bei konkreten Umsetzungen in Form von speziellen Produkten ist eine klare Unterscheidung und Einteilung selten möglich, da verschiedene Ansätze parallel genutzt und vermischt werden.

---

[8] Vgl. Goldberg, Architectural Principles for Virtual Computer Systems
[9] Vgl. Popek; Goldberg, Formal Requirements for Virtualizable Third Generation Architectures
[10] Vgl. Popek.; Goldberg, Formal Requirements for Virtualizable Third Generation Architectures

6.1. *Emulation*

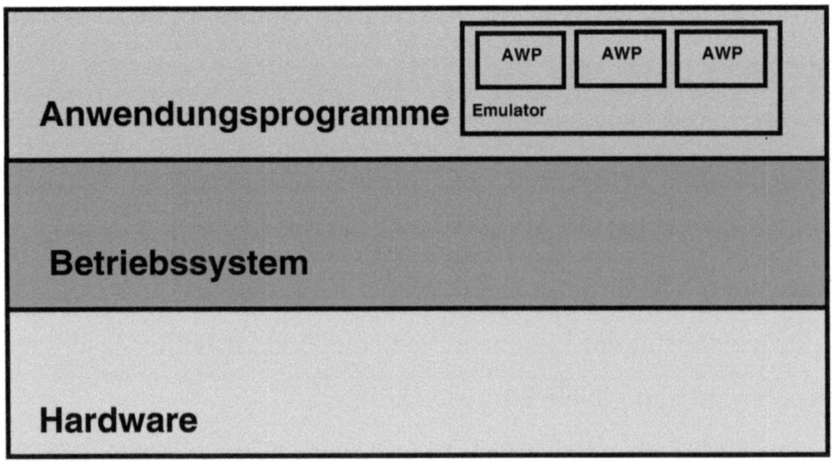

Abbildung 1- Emulator

6.1.1. Funktionsweise

Im PC Bereich ist die (Software-[11]) Emulation die älteste Art der Virtualisierung. Bei der Emulation bildet ausschließlich eine Software, die im Anwenderkontext läuft, ausgewählte Komponenten einer anderen, oft älteren, Umgebung nach. Dabei werden mindestens die CPU, der Arbeitsspeicher sowie nichtflüchtige Speichermedien nachgebildet. Die Befehle an diese Komponenten werden vom Emulator in Befehle für die reale Hardware umgerechnet und auf dieser ausgeführt, ebenso werden die Ergebnisse angenommen, umgerechnet und an die Software, die im Emulator läuft, durchgereicht. Emulatoren werden oft genutzt, um ältere Generationen von Rechnern als Software auf aktuellen PCs zu emulieren, beispielweise die in den 1980er und 1990er Jahren beliebten Homecomputer Commodore C64, Amiga und Atari ST sowie verschiedene ältere Spielekonsolen. Des Weiteren werden Emulatoren häufig für die Entwicklung von Software für Embedded-Systems, beispielsweise aktuelle Mobiltelefone, benutzt, sofern für diese keine komplette Entwicklungs-API zur Verfügung steht.

Emulation ist sehr rechenintensiv, das in Kapitel 6.1.3 vorgestellte Programm DOSBox benötigt beispielsweise zur Emulation einer alten x86 80486 CPU mit typischerweise 66 MHz einen aktuellen Prozessor mit einer Taktrate im Gigaherzbereich. Ein Vorteil der Emulation ist jedoch, dass keine Änderungen des Gastsystems nötig sind, eine hohe Flexibilität sowie eine exakte Nachbildung der Originalumgebung erreicht werden kann.

---

[11] Es existieren ebenfalls Emulatoren, die aus Hardware bestehen und ein Host-System zumindest mit Teilsystemen der zur emulierenden Hardware ausstatten.

6.1.2. Beispiel: VICE - Versatile Commodore Emulator

Vice emuliert 8-Bit Computersysteme von Commodore, beispielsweise den C64 und C128. Im C64er-Modus wird der VIC-II Video Chip mit allen Video-Modes fast zu 100% exakt, der berühmte SID Soundchip sowie alle CPU-Register exakt emuliert. Die als Massenspeicher vorhandenen Diskettenlaufwerke wie das VC-1541-II mit ihrer, verglichen mit heutigen Laufwerken, hohen Komplexität[12] sind ebenfalls vorhanden. Der Emulator arbeitet zyklusgenau.

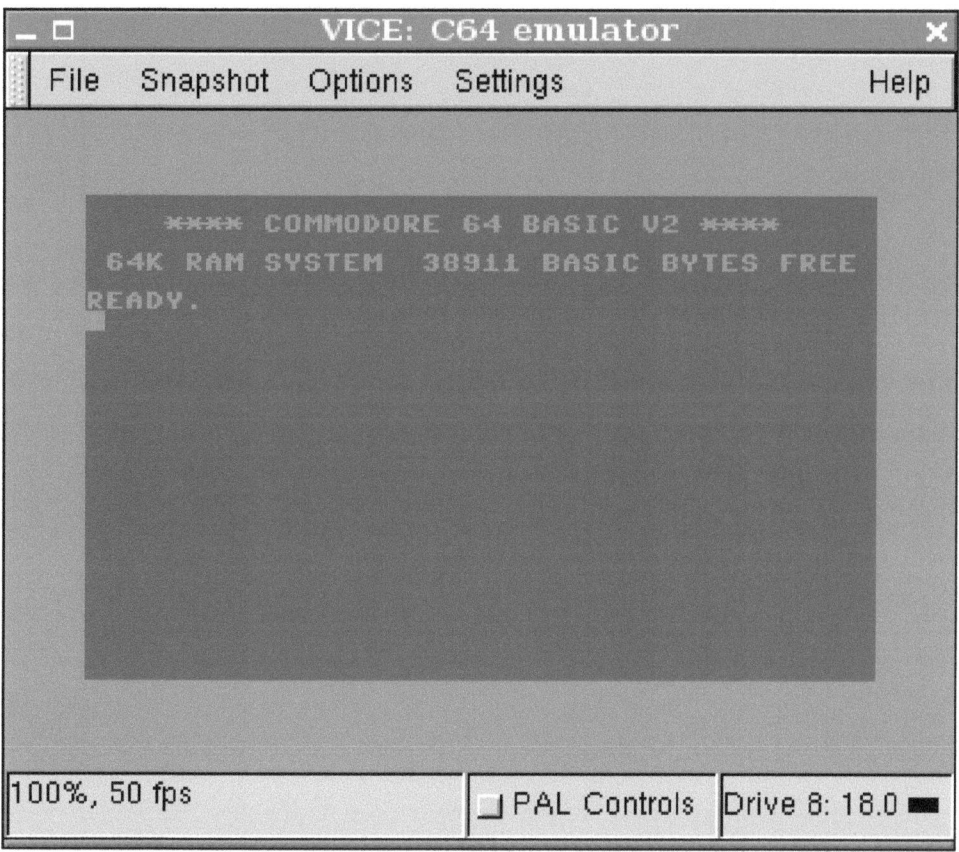

Abbildung 2 - VICE Emulator

Bildquelle: www.c64-wiki.de/images/e/ee/AlgVice3.gif

6.1.3. Beispiel: DOSBox

DOSBox emuliert auf aktuellen Windows-Systemen, beispielsweise XP oder Vista, eine MS DOS Umgebung inklusive einer für diese Zeit typische Hardware eines IBM-PC. So lassen sich weiterhin ältere Programme nutzen, die auf aktuellen Windows-Systemen nicht mehr

---

[12] Die Diskettenlaufwerke des C64 waren praktisch eigenständige Computer und besaßen eine eigene CPU, die mit der des C64 verwandt war sowie ein eigenes eingebettetes Betriebssystem. Auf diese Art wurde die langsame CPU des C64er beim Datentransfer entlastet. In PC-Systemen ist dies mit Festplatten und ihrer umfangreichen Firmware zu vergleichen, PC-Diskettenlaufwerke bestehen hingehen nur aus „Mechanik" ohne eigenständige „Intelligenz".

lauffähig sind, beispielsweise aufgrund von direkten Hardwarezugriffen.

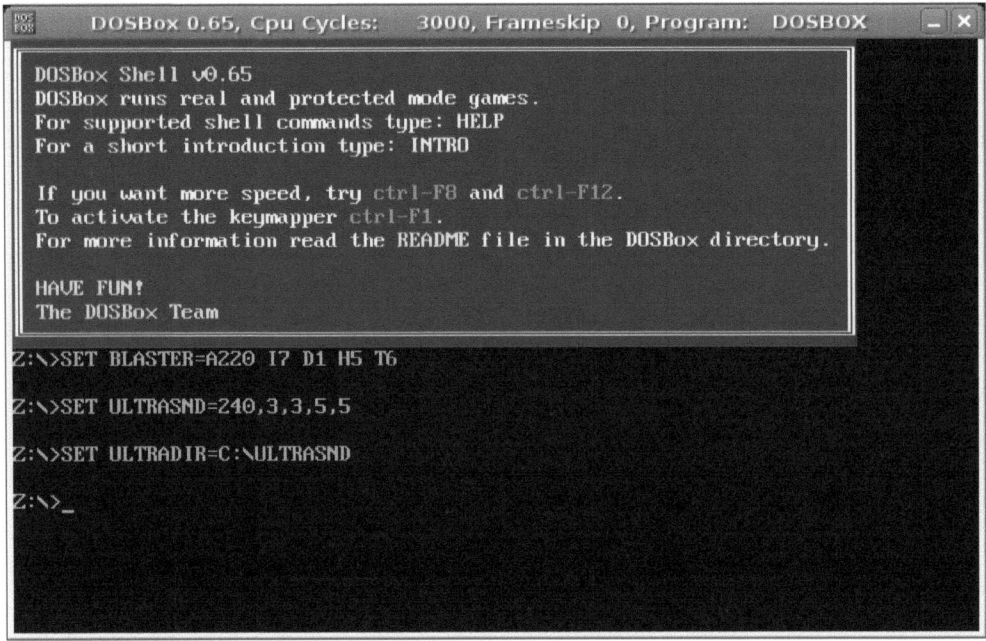

Abbildung 3 - Screenshot DOSBox.

Bildquelle: upload.wikimedia.org/wikipedia/commons/1/14/DOSBox.png

6.1.4. Bewertung

Emulation im PC-Kontext wird schwerpunktmäßig zum Bereitstellen älterer Systeme auf aktueller Hardware mit aktuellen Betriebssystemen eingesetzt. Diese Systeme direkt auszuführen ist selbst bei kompatiblen Prozessorarchitekturen mit größerem Aufwand verbunden, oft mangels aktueller Treiber unmöglich oder führt durch zu schnelle Taktfrequenzen zu unbenutzbaren Systemen. Emulatoren passen die Arbeitsgeschwindigkeit der virtuellen Systeme an die der emulieren Hardware an und stellen emulierte Hardware bereit, auf die mit vorhandenen Treibern zugegriffen werden kann. Zusätzlich können Fremdsysteme emuliert werden, die eine andere Architektur als der Host besitzen. Dies können ältere Spielekonsolen sein, aber auch beispielsweise Embedded-Systems-Umgebungen, für die Software entwickelt werden soll.

Im Embedded-Systems-Bereich wird Virtualisierung für aktuelle Systeme weniger genutzt als in der Vergangenheit, mittlerweile haben hier entsprechende Programmiersprachen-Librarys und Cross-Compiler / Cross-Assembler Verbreitung gefunden. Für Googles Android-Plattform als Handybetriebssystem können Anwendungen in Java geschrieben werden, für Apples iPhone sollen Drittanbieter Software komplett als Webapplikationen für den Browser Safari schreiben, die auf offenen Standards wie beispielsweise Ajax aufbauen.

6.2. Betriebssystem-Container

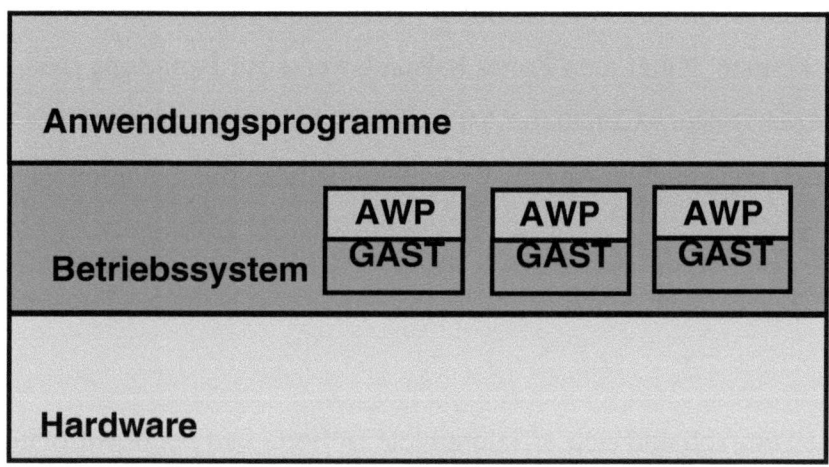

Abbildung 4 - Betriebssystem-Container

6.2.1. Funktionsweise

Betriebssystemcontainer sind eine Ausprägung von Virtualisierung auf Betriebssystemebene und stellen eine Teilmenge des Hostbetriebssystems dar. Ein Betriebssystem stellt weitere, logisch eigenständige, Unterinstanzen -also komplette Laufzeitumgebungen- seiner selbst bereit. Diese Instanzen können komplett eigenständig sein, auf einer Kopie der Daten des Hosts beruhen, eigene Daten besitzen oder eine Mischung davon sein. Die Unterinstanzen verfügen je über eigene, isolierte Arbeitsspeicherbereiche, Netzwerkschnittstellen und Speicherbereiche auf den Datenträgern des Hosts, jedoch nicht über einen eigenen Betriebssystemkernel, so dass die Betriebssysteme von Host und Gästen gleich sind. Ein Vorteil daraus ist der sehr geringe Mehraufwand für den Betrieb der isolierten Container.

6.2.2. Beispiel: Solaris Zones

Zones wurde erstmalig als Teil des Betriebssystems Solaris 10 in Jahre 2005 veröffentlicht. In Solaris 10 existieren ausschließlich Zonen, der eigentliche Host wird „global zone" genannt, die Gäste „non global zones". Eine Zone stellt eine eigenständige Instanz von Solaris 10 dar, die über einen eigenen Knoten-Namen, ein eigenes virtuelles Netzwerkinterface und eigenen Speicher verfügt. Programme, die in einer non-global Zone ausgeführt werden können keine Änderung am Betriebssystemkernel vornehmen. In Kombination mit dem Dateisystem ZFS lassen sich Zonen sehr Speicherplatz schonend betreiben. So können diese komplett eigenständige Kopien von Dateisystemen des Hosts besitzen, bei denen jedoch nur die tatsächlich abweichenden Blöcke gespeichert werden. ZFS erlaubt es darüber hinaus, beliebig viele Snapshots seiner Dateisysteme anzufertigen, die gleichsam platzsparend gespeichert werden. In Kombination mit Zonen erlaubt dies, diese komfortabel zu beliebigen Zeitpunkten sichern und schnell wiederherstellen zu können. Nutzt man Zones beispielsweise zur Isolierung mehrer Webserver in je eigenen Bertriebssystem-Containern ist praktisch keine Leistungsminderung gegenüber den Parallelbetrieb der gleichen Anzahl Webserverdienste ohne Isolation zu beobachten.

6.2.3. Bewertung

Betriebssystem-Container können einfach und sehr effizient viele isolierte und leicht wartbare Instanzen eines Betriebssystems bereitstellen. Ist dies das primäre Einsatzziel, beispielsweise in den bereits erwähnten Host-Umgebungen, sind Container das Mittel der Wahl. Eine von der real vorhandenen Hardware abweichenden Konfiguration können sie nicht bereitstellen.

6.3. Native Virtualisierung

AWP	AWP	AWP
Betriebssystem	Betriebssystem	Betriebssystem
Hypervisor		
Hardware		

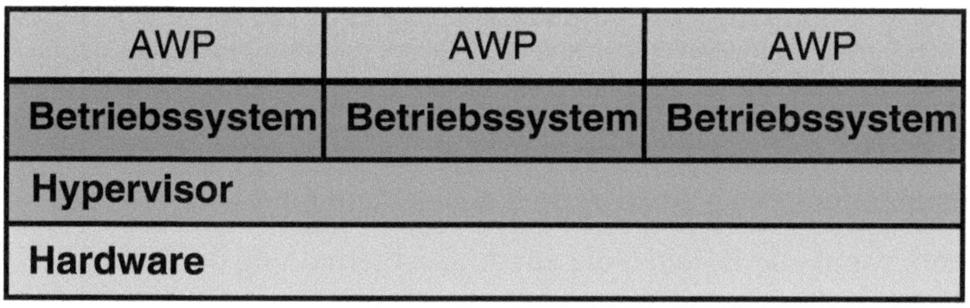

Abbildung 5 - Hypervisor Ebene 1

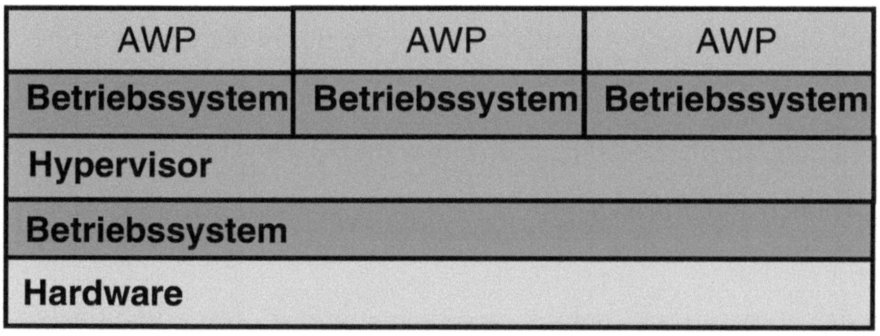

AWP	AWP	AWP
Betriebssystem	Betriebssystem	Betriebssystem
Hypervisor		
Betriebssystem		
Hardware		

Abbildung 6 - Hypervisor Ebene 2

6.3.1. Funktionsweise

Native Virtualisierung (in der Literatur oft synonym verwendet: Full Virtualization) kann als Weiterentwicklung der Emulation betrachtet werden, bei der eine zusätzliche Abstraktionsschicht genutzt wird, der Hypervisor (Synonyme: Virtual Machine Monitor (VMM), Virtualization Layer). Dieser stellt virtuelle Hardware für die Gäste bereit und dient im Hintergrund als transparente Schnittstelle zwischen den Host und den Gästen. Erreicht werden soll, dass die Gastsysteme in der virtuellen Umgebung weiterhin ohne Modifikationen lauffähig sind und ihr Kernel nicht an die virtuelle Umgebung angepasst werden muss. Die reale Hardware des Hostsystems wird teilweise, wo dies möglich ist, aus Geschwindigkeitsgründen von den Gästen direkt benutzt. Ebenso wird durch den Hypervisor versucht, einen möglichst großen Teil der CPU-Instruktionen der Gäste direkt und ohne Konvertierung auf der realen CPU auszuführen, hauptsächlich privilegierte Befehle[13] müssen abgefangen und konvertiert werden. Goldberg und Popek formulierten diese Grundanforderung in einer ihrer Arbeiten wie folgt:

---

[13] In modernen Betriebssystemen, die auf der i386 Architektur aufbauen, läuft der Kernel im sogenannten Ring 0, auch Kernelmodus genannt, und hat Zugriff auf den gesamten Speicherbereich und alle CPU-Befehle. Normale Benutzerprozesse hingegen laufen aus Sicherheitsgründen in den Ringen 1 bis 3, in denen weniger Befehle zur Verfügung stehen. So kann in diesen Ringen beispielsweise nicht direkt auf die Hardware zugegriffen werden, dies muss über einen Systemaufruf an den Kernel abgewickelt werden.

„ For any conventional third generation computer, a virtual machine monitor may be constructed if the set of sensitive instructions for that computer is a subset of the set of privileged instructions."[14]

Dies bedeutet, dass eine Computerarchitektur grundsätzlich genau dann mittels eines Hypervisors virtualisiert werden kann, wenn alle Befehle, die zur Aufrechterhaltung der Isolation der Gäste vom Hypervisor abgefangen werden müssen, Teil der privilegierten Instruktionen sind. Bei der x86-Architektur ist dies nicht immer der Fall, so dass der Hypervisor den Code der Gäste vor der Ausführung noch analysieren und diejenige privilegierten Befehle, die keine CPU-Exception auslösen, durch entsprechende Aufrufe ersetzen, die ihn in die Lage versetzen, den Befehl abfangen und vor der realen Ausführung anpassen zu können. Trotzdem bleibt eine Konsequenz aus dem angeführten Ansatz, dass Host- und Gastsystem für die gleiche Prozessorarchitektur geschrieben sein müssen.

Allgemein sind die Aufgaben des Hypervisors komplex und rechenintensiv, sei es die Codeanalyse oder auch der für den Parallelbetrieb mehrerer Gäste mit je eigener Speicherverwaltung nötige hohe Koordinierungsaufwand.

Bei der nativen Virtualisierung werden Hypervisoren der Ebenen 1 und 2 unterschieden, je nachdem, ob Hypervisor und Betriebssystem eine Einheit bilden (Ebene 1) oder ein „fremdes" Betriebssystem den Hypervisor ausführt (Ebene 2).

---

[14] Popek; Goldberg, Formal Requirements for Virtualizable Third Generation Architectures , S. 417

6.3.2. Beispiel: VMware Workstation und VMware Server– Hypervisor Ebene 2

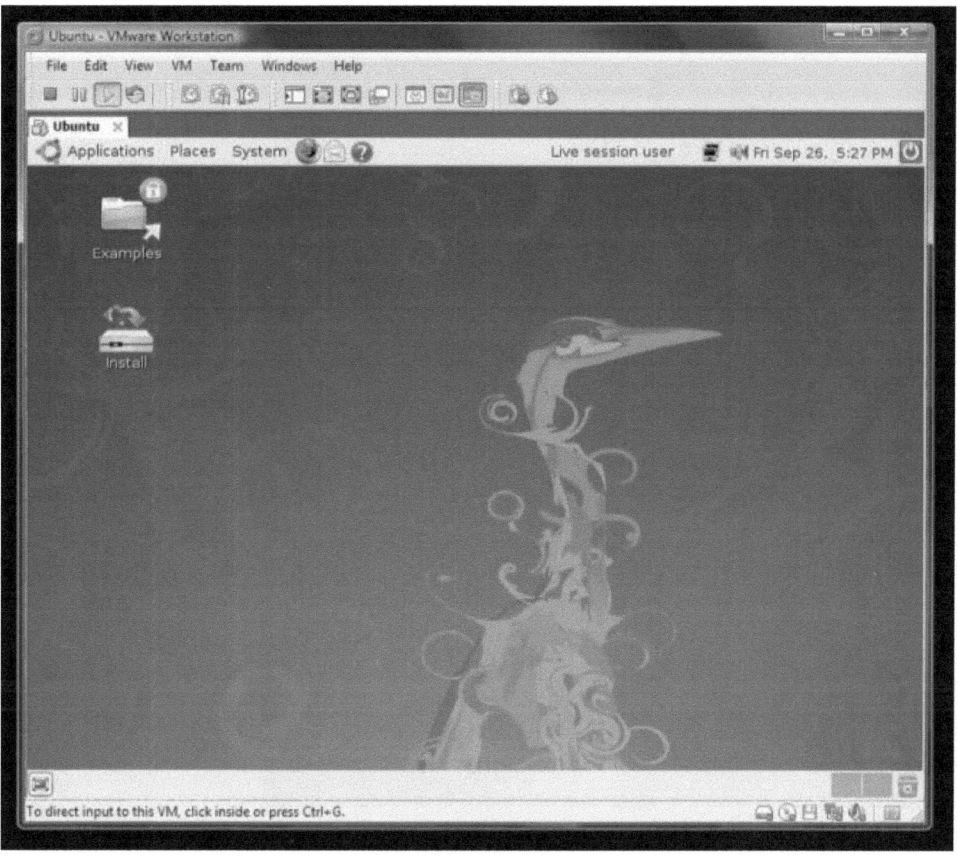

Abbildung 7 - VMWare Workstation, Host: Windows Vista, Gast: Ubuntu Linux
Bildquelle: http://i.stack.imgur.com/P8D2Y.png

VMware war mit seinen Virtualisierungsprodukten der Pionier im PC-Bereich, die erste Version wurde 1999 veröffentlicht. Seine Verbreitung verdankt es neben seiner Funktionalität auch der leichten Bedien- und Konfigurierbarkeit, die kein fundiertes Vorwissen für de Einstieg erforderlich macht. VMware Workstation virtualisiert unter Windows und Linux eine komplette 32- oder 64-Bit PC-Architektur. Die Gäste sind ohne weitere Anpassungen lauffähig, durch die optionale Installation einiger zusätzlichen Treiber lässt sich die Integration von Host und Gästen erhöhen und der Bedienung komfortabler gestalten. VMware Server ist ebenso wie der VMware Player – der keine neuen virtuellen Maschinen erstellen sondern lediglich bereits angelegte ausführen kann – kostenlos verfügbar. VMware Workstation kostet ca. $200 und bietet einige erweitere Funktionen wie Snapshots über die Kommandozeile, mehr virtuellen Speicher für die Clients sowie die Möglichkeit der Paravirtualisierung.

6.3.3. Beispiel: Microsoft Virtual PC / Virtual Server – Hypervisor Ebene 2

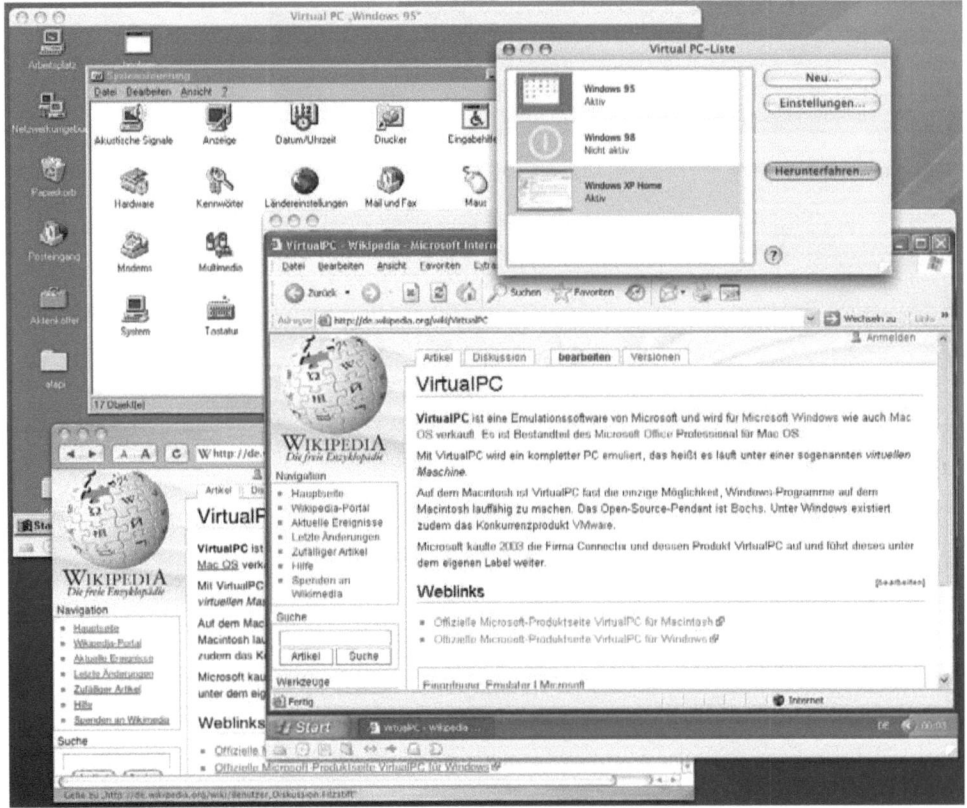

Abbildung 8 - Microsoft Virtual PC 6.1, Host: Macintosh, Gast: Windows XP
Bildquelle: https://upload.wikimedia.org/wikipedia/en/5/5f/Virtualpc.png

Microsoft Virtual PC ist eine Weiterentwicklung eines Produktes einer Drittfirma, die seit 2003 zum Microsoftkonzern gehört. Die Entwicklung ist vom Erfolg von VMware geprägt und bietet eine ähnliche Funktionalität sowie eine ähnlich leichte Zugänglichkeit. Auch hier erlauben es zusätzliche optionale Treiber (zusammengefasst in den „Virtual Machine Additions"), dass der Gast wie eine normale Anwendung des Hosts bedient werden kann und der Mauszeiger nahtlos zwischen dem beispielsweise als Fenster ausgeführten Gast und dem Host wechseln kann, ohne manuell einer Maschine zugewiesen werden zu müssen.

Mittlerweile existiert eine weitere Version namens „Microsoft Virtual Server", bei der die Verwaltung nicht über ein lokales GUI-Programm, sondern über eine Webseite und den Webser IIS erfolgt, so können die Gäste komplett über HTTP verwaltet und genutzt werden. Virtual PC wird von Microsoft für den Support von veralteten Betriebssystemen in einem aktuellen Windows System, für Help-Desk-Umgebungen sowie für den Test von Desktop-Anwendungen empfohlen. Virtual Server ist primär für den Betrieb multipler Server-Anwendungen auf einem physischen Server ausgelegt. In der Praxis sind die Grenzen der Einsatzgebiete fließend. Offiziell unterstützen Virtual PC und Server nur Microsoft-Betriebssysteme als Gäs-

15

te, die meisten Linux-Varianten laufen jedoch problemlos. Ein interessantes, ebenfalls kostenloses, Zusatzprodukt ist das „Virtual Server 2005 Migration Toolkit", mit dem sich physikalische Server in virtuelle Umgebungen migrieren lassen.

6.3.4. Bewertung

Mit der nativen Virtualisierung fasste die Virtualisierung im PC- und Serverbereich Fuß. Sie ist flexibel und leicht zu verwalten und zu beherrschen, in aktuellen Programmen konfiguriert man lediglich einige Hardwarekomponenten wie den Arbeits- oder Festplattenspeicher sowie die Art des Netzwerkzuganges und arbeitet von Beginn an faktisch wie auf realer Hardware.

Die native Virtualisierung arbeitet schneller als die Emulation, obwohl auch hier die komplette Umgebung in Software nachgebildet wird. Es ist allerdings aufgrund des immer noch hohen Konvertierungsaufwandes mit Leistungseinbußen von ca. 20% bis 25% zu rechnen. Ein weiterer Nachteil dieser Herangehensweise ist unter anderem eine feste Zuteilung des Arbeitsspeichers. Soll ein Gast eine bestimmte Menge an Arbeitsplatzspeicher nutzen können, so muss dieser komplett beim Start des Gastes auf dem Host reserviert werden und steht somit weder dem Host noch anderen Gästen zur Verfügung.

Native Virtualisierung wird gerne in der Softwareentwicklung zur Bereitstellung verschiedener Umgebungen zum Testen von Software und für Schulungen genutzt. Da keine Veränderungen am Betriebsystem der Gäste notwendig sind, kann meist davon ausgegangen werden, dass sich Software nicht anders verhalt als beim Ausführung auf realer Hardware. So lassen sich Programme schnell auf verschiedenen Betriebssystemen testen und auf eventuelle Probleme im Parallelbetrieb mit anderen Programmen hin untersuchen. Nach erfolgtem Test lassen sich die virtuellen Systeme schnell für den nächsten Einsatz in den unbenutzten Urzustand zurückführen, so dass keine Nebeneffekte durch Reste vorheriger Installation befürchtet werden müssen. Zu diesem Zweck bieten fast alle Produkte die Möglichkeit, Änderungen auf den virtuellen Festplatten der Gäste getrennt von der Ursprungsversion in einer separaten Datei zu speichern und jederzeit zurücknehmen zu können.

6.4. Paravirtualisierung

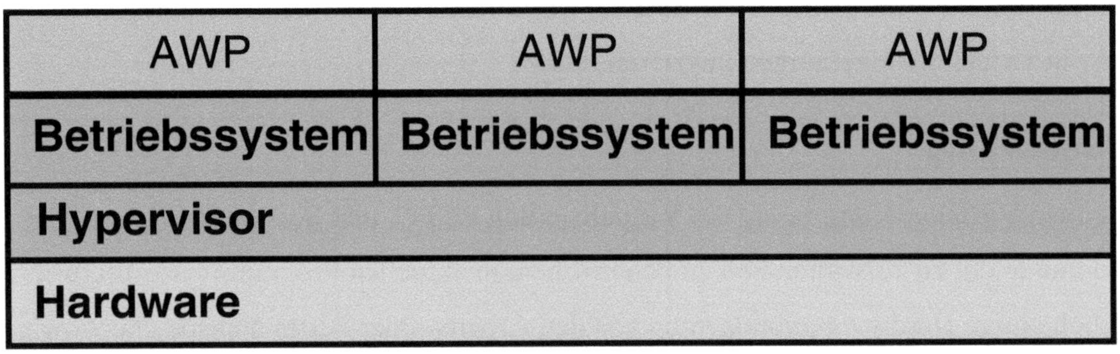

AWP	AWP	AWP
Betriebssystem	**Betriebssystem**	**Betriebssystem**
Hypervisor		
Hardware		

Abbildung 9 – Paravirtualisierung

6.4.1. Funktionsweise

Paravirtualisierung benutzt ebenso wie die native Virtualisierung eine Hypervisorebene zur Abschirmung der realen Hardware. Um die Gastbetriebssysteme performanter betreiben zu können, müssen diese mit dem Hypervisor kooperieren. So dürfen diese privilegierten CPU-Befehle erst gar nicht absetzen, sondern müssen diese über definierten Schnittstellen dem Hypervisor übergeben. Dies erlaubt es, die Komplexität und den Arbeitsaufwand des Hypervisors zu verringern, da dieser solche Befehle nicht mehr aktiv abfangen muss. Zusätzlich werden bestimmte Systemschnittstellen, beispielsweise Netzadapter, nicht vom Hypervisor als Hardware emuliert und den Gästen zur Nutzung bereitgestellt, sondern in den Gastsystemen selbst durch auf den Hypervisor angepasste Treiber bereitgestellt.

Wie auch bei der nativen Virtualisierung existieren bei der Paravirtualisierung Hypervisoren der Ebene 1 oder 2, die sich darin unterscheiden, ob der Hypervisor und das Betriebssystem, auf dem dieser läuft, eine Einheit bilden (Ebene 1) oder ob ein eigenständiges Betriebssystem den Hypervisor ausführt (Ebene 2).

17

6.4.2. Beispiel: Xen

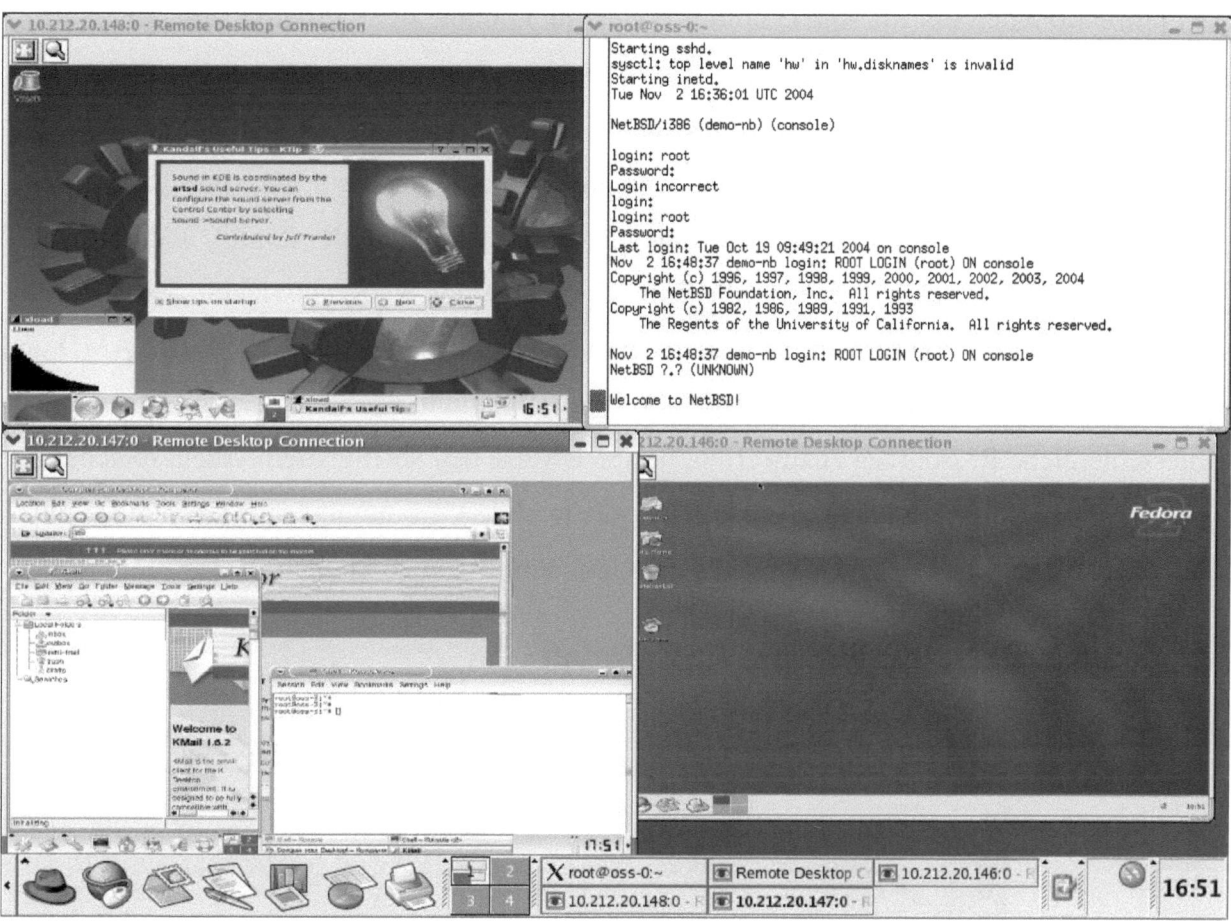

Abbildung 10 - Xen mit NetBSD als dom0 führt diverse Linux Betriebssysteme aus
Bildquelle: https://upload.wikimedia.org/wikipedia/commons/7/70/Xen_screenshot.png

Xen wurde an der Univeristy of Cambridge entwickelt und Ende 2003 als erstes Release freigegeben. Xen ist ein Ebene 1 Hypervisor, der einen eigenen Bootloader benutzt, um seinen modifizierten Kernel und einige Verwaltungswerkzeuge zu starten. Dieser startet im Anschluss ein modifiziertes Betriebsystem als „Domäne 0" (kurz „dom0"), welches volle Kontrolle über das System und alle anderen, unprivilegierten Domänen besitzt. Xen ist ohne dom0 nicht lauffähig, praktisch bildet also ein Hybrid aus Xen-Kernel und dom0-Betriebssystem den eigentlichen Hypervisor. Als dom0 können diverse Linux-Distributionen, NetBSD als Unixderivat sowie seit 2006 OpenSolaris[15] von Sun genutzt werden. Als Gäste können zusätzlich speziell angepasste Versionen von Novell Netware sowie auf speziellen Prozessoren[16] auch Microsoft Windows. Xen gilt, verglichen mit anderen Programmen, als effizient, aber sperriger in der Handhabung und der Konfiguration, da es linuxtypisch komplett über die Kommandozeile bedient wird. Mittlerweile sind auch mehrere grafische Oberflächen ebenso wie auf Xen spezialisierte Linux-Distributionen, beispielsweise Eisxen /Eisfair, vorhanden,

---

[15] http://www.heise.de/newsticker/OpenSolaris-laeuft-unter-Xen--/meldung/69648
[16] Beispielsweise Intel VT oder AMD-V „AMD Pacifica", siehe Kapitel 6.5

die die Konfiguration und Verwaltung erleichtern. Xen ist als freie Software kostenlos, für den professionellen Einsatz sind ebenfalls erweiterte kommerzielle Produkte erhältlich (ein bekanntes Beispiel sind die Citrix XenServer Produkte). Xen bietet mächtige Funktionen bei geringem eigenem Overhead, da der eigentliche Xen-Kern sich nur mit dem Starten und Stoppen der Gästeprozesse sowie der Ressourcenverwaltung und dem Interrupt-Routing beschäftigen muss (alle weiteren Aufgabe fallen in die Zuständigkeit der dom0), und wird als Open Source Software durch eine große Entwicklergemeinde weiterentwickelt. Mittlerweile unterstützen viele große Firmen die weitere Entwicklung, beispielsweise IBM, HP, AMD und Novell. Interessante Features sind beispielsweise die Möglichkeiten, den Gästen zur Laufzeit unterschiedliche Ressourcen zuzuweisen, beispielsweise den verfügbaren Arbeitsspeicher oder die Prozessorpriorität ändern zu können, Gäste ohne Verbindungsunterbrechungen auf andere Hosts verschieben und Snapshots der Gäste anfertigen zu können.

6.4.3. Beispiel: VMware ESX Server

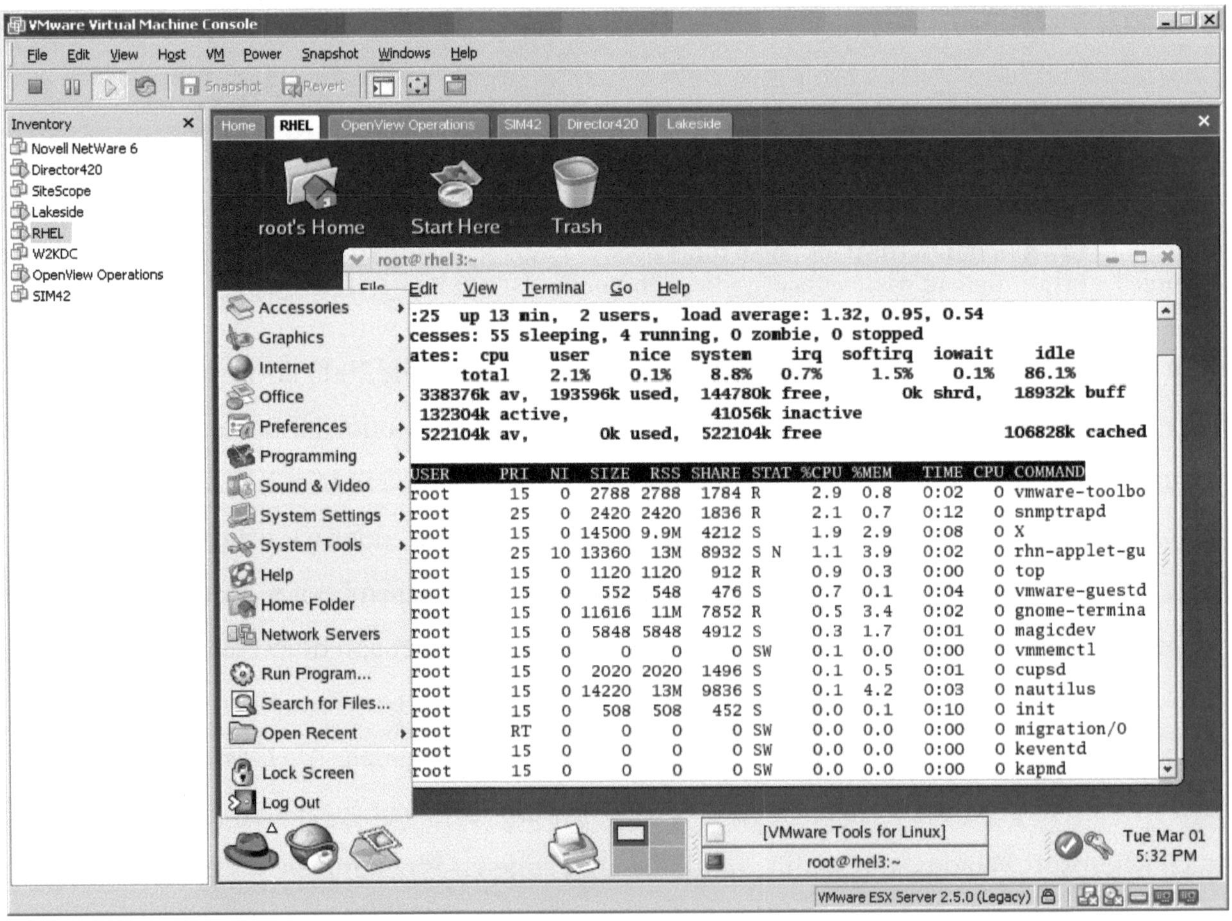

Abbildung 11 - Host: VMware ESX Server, Gäste: Diverse.
Bildquelle: http://capitalhead.com/img/vmware/esx2_large3.gif

VMware ESX Server ist primär für den Einsatz in größeren Umgebungen, beispielsweise in Rechenzentren vorgesehen und benötigt als „bare metal product" kein eigenständiges Betriebssystem, da es auf einer komplexen Architektur aus zwei parallel betriebenen Kerneln basiert (ein angepasster Linux-Kernel lädt einen proprietären VMware Kernel, der die Hauptkontrolle über das System übernimmt). Ein ESX Server läuft nur auf offiziell von VMware unterstützter Hardware und bietet keine Zusatzprogramme oder Dienste, die das System langsamer, fehleranfälliger und unsicherer machen könnten. Für die zentraler Verwaltung vieler Gastsysteme sind eine Vielzahl weiterer Produkte wie beispielsweise „VirtualCenter" erhältlich mit denen die Systeme verwaltet, überwacht und deren Geschwindigkeit gemessen werden können. Beide Komponenten sind mittlerweile zusammen unter dem Namen „VMware Infrastructure 3" erhältlich. Seit Ende Juli 2008 ist der VMware ESX Server 3i in einer kostenlosen Version verfügbar.

6.4.4. Beispiel: Microsoft Hyper-V

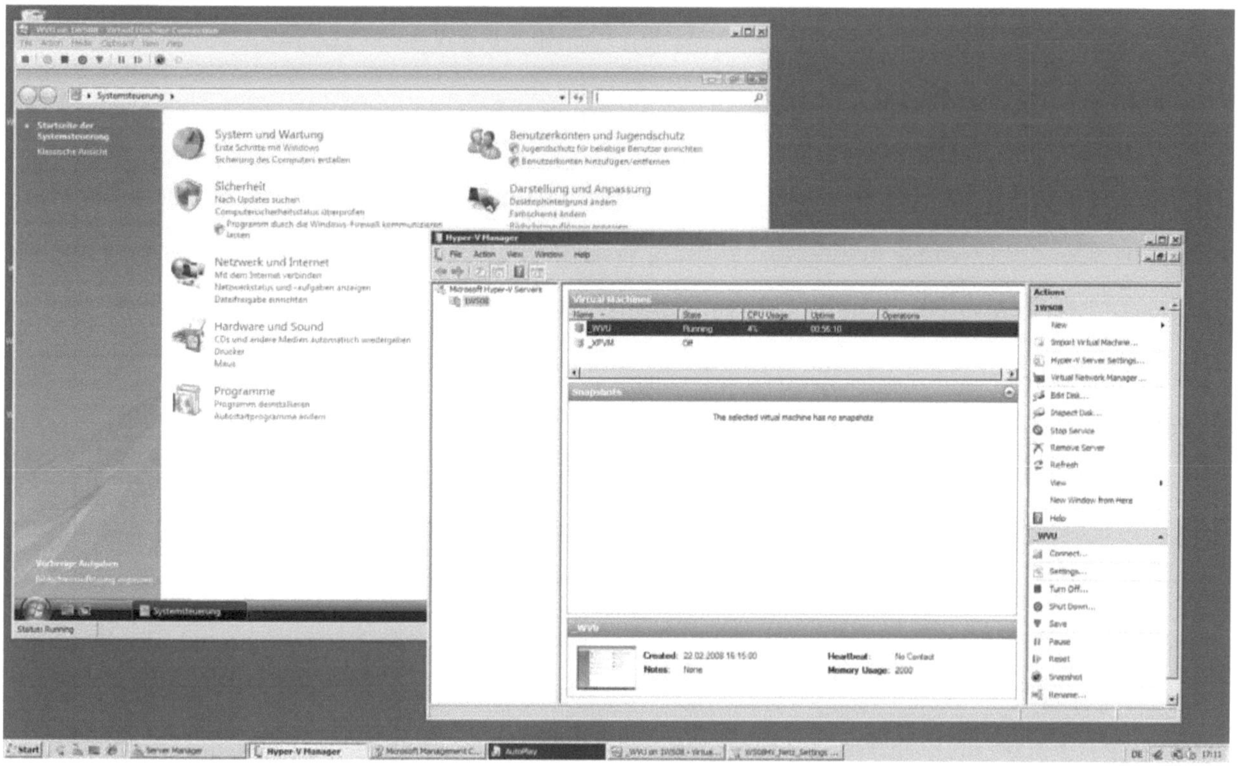

Abbildung 12 – Host: Hyper V mit geöffneter Managementconsole, Gast: Vista
Bildquelle: http://www.testticker.de/files/2008/images/WS08HV_HV-Mgr_und_VM_1680.jpg

Hyper-V (ehemaliger Entwicklungscodename „Virdian") ist als sogenannte Rolle ein integrierter Bestandteil des Betriebssystems Windows Server 2008 für 64-Bit-Architekturen. Es erschien am 8. Juli 2008 und somit einige Jahre nach den bereits etablierten Produkten der Konkurrenz. Es ist ebenfalls als eigenständige Version namens „Microsoft Hyper-V Server 2008" erhältlich, die praktisch ein entsprechend vorkonfigurierter Server 2008 ist. In Hyper-V werden die einzelnen Gäste „child partitions" genannt, wobei das Host-Betriebssysteme des Hypervisors Windows Server 2008 ist und als „parent partition" für die Gäste fungiert. Der Zugriff auf virtuelle Hardware, beispielsweise auf die ressourcenintensiven Speicher-, Netwerk- und Grafiksubsysteme kann sehr effizient über „Enlightened I/O" mittels komplexer Kommunikationsprotokolle wie SCSI direkt unter Umgehung der Geräteemulation erfolgen. Als Gäste werden offiziell neben den aktuellen Windows Server- und PC-Betriebssystemen Server 2008 und Vista, mit Ausnahme der Vista „Home editions", auch SUSE Enterprise Server 10 SP1/SP2 unterstützt. Weitere Gäste, die nicht die Schnittstelle Enlightened I/O implementieren und einen hypervisorfähigen Kernel besitzen werden paravirtualisiert betrieben. Windows Server 2008 und Vista SP1 beispielsweise können bereits paravirtualisiert betrieben werden.

Hyper-V kann virtuelle Maschinen aus Virtual Server 2005 und Virtual PC 2004/2007 übernehmen und weiter betreiben, wobei sich die virtuelle Hardware geringfügig ändert, genauer gesagt ändern sich für die Gäste ihre virtuellen Grafik- und Netzwerkkarten.

6.4.5. Bewertung

Paravirtualisierung ist eine flexible und effiziente Virtualisierungsmöglichkeit, setzt jedoch eine durchdachte Planung der Zielumgebung -vor allem, welche kompatiblen Gastsysteme eingesetzt werden sollen- von Beginn an voraus. Aktuelle Paravirtualisierungssysteme sind wegen ihres Konfigurations- und Verwaltungsaufwandes noch primär für komplexere Umgebungen konzipiert und können nicht sinnvoll quasi ad hoc parallel auf bereits laufenden Systemen eingerichtet oder nachträglich hinzugefügt werden. Mit der weiteren Verbreitung von Virtualisierungslösungen ist jedoch damit zu rechnen, dass immer mehr Betriebssysteme eine direkte Schnittstelle zu Hypervisoren mitliefern werden. Mit dem Einstieg Microsofts als Marktführer im Bereich der PC-Betriebs- und zugehöriger Serverbetriebsysteme und der fortschreitenden Implementation von Hyper-V Schnittstellen ist eine weitere Verbreitung absehbar, insbesondere, da bisherige paravirtualisierte Gäste aus Altsystemen übernommen werden können. Unter dieser Vorraussetzung besteht langfristig die Möglichkeit, dass die Paravirtualisierung die native Virtualisierung ersetzt. Mittelfristig werden beide Arten in konkreten Produkten weiter verschmelzen und je nach Unterstützung durch das Gastsystem die jeweils effizienteste Virtualisierungsmöglichkeit nutzen.

6.5. Hardwareunterstützung zur Virtualisierung

Moderne Prozessoren können Virtualisierung erleichtern und somit ebenfalls dazu beitragen, den Hypervisor einfacher und schneller gestalten zu können. Ältere X86-Prozessoren lösen beispielsweise teilweise keine Exception aus, wenn ein privilegierter Befehl des Ringes 0 ausgeführt werden soll. Eine solche Exception erlaubt es jedoch einem Hypervisor, einen solchen Befehl abzufangen und selbst weiter zu verarbeiten, was zur Isolation der einzelnen Gäste notwendig ist. Bei der nativen Virtualisierung muss viel Aufwand getrieben werden, um dieses Problem zu lösen. So scannt beispielsweise VMware den gesamten Maschinencode, den ein Gast ausführt, auf kritische Instruktionen und modifiziert diese. Einem ähnlichen Zweck dienen die modifizierten Betriebssysteme der Paravirtualisierer.

Um dieses „Manko" der x86-Prozessoren zu beheben und diesen auch in Zukunft eine weite Verbreitung zu sichern, entwickeln die großen Hersteller dieser Prozessoren seit einigen Jahren Prozessoren, die aktiv Virtualisierung unterstützen. Ermöglicht wird dies durch eine Befehlssatzerweiterung, die unter dem Begriff Secure Virtual Machine (SVM) zusammengefasst werden.

Die Lösung von AMD, AMD-V, implementiert spezielle Prozessorfunktionen, die den Hypervisor bei der Adressumsetzung unterstützen und in seinem Auftrag kontrollieren können, ob bestimmte Zugriffe eines Gastes auf Hardware erlaubt werden dürfen.

Intels Lösung, Intel VT, erweitert die Hierarchie der Prozessorbefehle aus verschiedenartig privilegierten Ringen um weitere Modi, die der Hypervisor steuern kann. Er kann einen Gast in einen „non-root-Modus" versetzen, in dem dieser gefahrlos Ring-0-Befehle absetzen kann. Das bereits in Kapitel 5.4.2 vorgestellte Xen ab Version 3.0 unterstützt beispielsweise sowohl AMD-V als auch Intel VT und kann somit auf geeigneten Prozessoren die aktuelle Windowsversion Vista ebenso wie angepasste, paravirtualisierungsfähige Betriebssysteme, ausführen.

7. Kriterien zur Verfahrensauswahl

Ein absoluter bewertender Vergleich der vorgestellten Verfahren ist wenig sinnvoll, da jedes Verfahren unterschiedliche Vor- und Nachteile besitzt, die aus den jeweiligen technischen Ansätzen hervorgehen. Auch wenn hardwareunterstütze Paravirtualisierung beispielsweise Gäste weitaus ressourcenschonender und damit performanter betreiben kann als ein Emulator, so kann diese Art nicht a priori als besser eingestuft werden. Ein Emulator kann im Gegensatz dazu Gastsysteme ausführen, die eine komplett andere Hardwarearchitektur benötigen. Die Verfahrensauswahl ist ergo nicht nur von den Leistungsmerkmalen der einzelnen Methoden abhängig. Zusätzlich muss beachtet werden, welche Methoden für das gewünschte Anwendungsgebiet in Frage kommen und zudem als reale Produkte zur Verfügung stehen.

Folgende Tabelle gibt eine Übersicht über einige wichtige Kriterien der jeweiligen Virtualisierungsarten:

Kriterium	Emulation	OS-Container	Native Virtualisierung	Para-Virtualisierung
Unterschiedliche Rechnerarchitektur von Host und Gästen möglich?	ja	nein	nein	nein
Unterschiedliche Betriebssysteme von Host und Gästen möglich?	ja	nein	ja	ja
Eigene Kernelmodule der Gäste möglich?	ja	nein	ja	ja
Gäste müssen Virtualisierung unterstützen?	nein	ja[17]	nein	ja

Abbildung 13 - Vergleichskriterien der verschiedenen Virtualisierungsmethoden

Auf dieser Tabelle aufbauend lässt sich folgendes Flussdiagramm als Vorschlag zur ersten Entscheidungsfindung entwickeln:

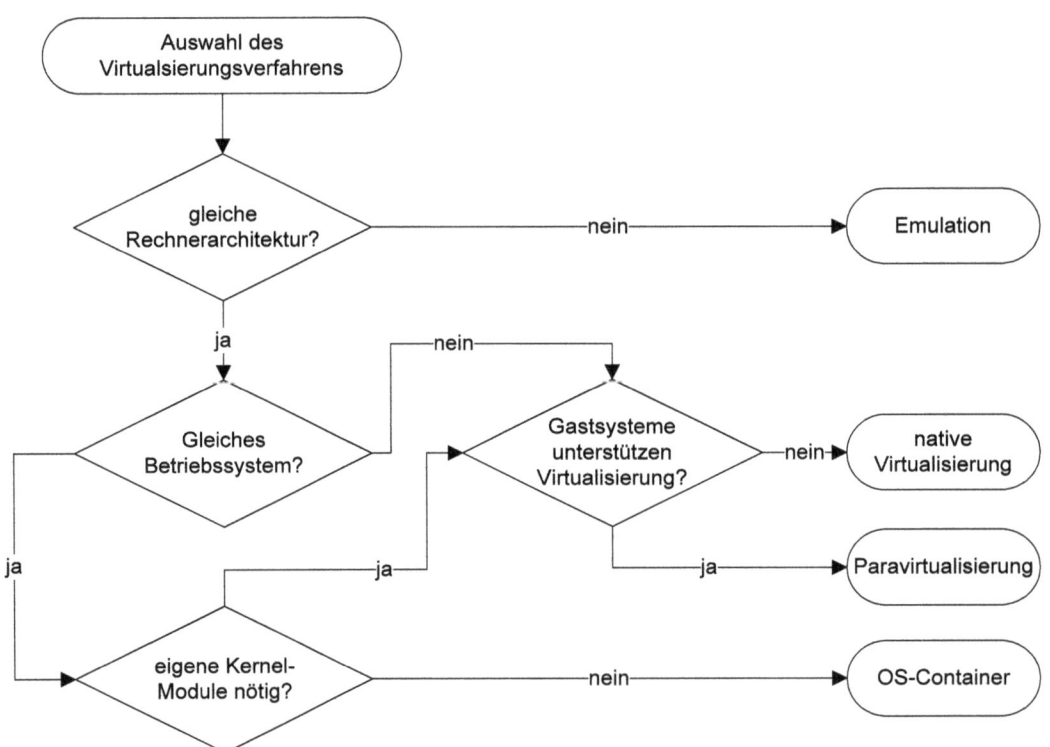

Abbildung 14 - Flussdiagramm zur Auswahl der Virtualisierungsmethoden

Aufbauend auf einer solchen Grobauswahl können die Fakten der einzelnen Methoden noch einmal gewichtet betrachtet und verschiedene konkrete Produkte verglichen werden.

---

[17] Da die Gäste Unterinstanzen des Hostbetriebssystems sind unterstützen diese natürlich immer die Betriebssystemcontainer-Virtualisierung, wenn der Host diese Möglichkeit bietet.

8. Zusammenfassender Ausblick

Einen Popularitäts- und Verbreitungsschub erhielt die Virtualisierung im PC-Bereich mit der Wendung ab vom Vorbild der Anwendung im Sinne eines Mainframe hin zu der auf aktueller Hardware sehr performant laufenden nativen Virtualisierung, hier vor allem die kostenlosen Versionen VMWare Server und Microsoft Virtual PC. Diese ermöglichten es ohne weitere Kosten verschiedene Betriebssysteme gleichzeitig und isoliert zu benutzen, ohne fehlerträchtige Anpassungen am bereits installieren System, sei es durch das Anlegen neuer Festplattenpartionen oder das ändern eines Bootloaders. Ein Endbenutzer kann so gefahrlos und ohne komplizierte Einarbeitung andere Betriebssysteme oder Betriebssystemversionen testen und nutzen, ohne sein Hauptsystem zu verlieren. Mit ähnlichem Ziel und mit Blick auf die kostenlose Verfügbarkeit können nun im Serverbereich Dienste und Systeme einfach isoliert werden. Musste dies vorher teuer durch eigenständige Hardware geschehen, so kann dies nun auf zentralisierter Hardware mit genügend Arbeitsspeicher erfolgen. Dies stellt vor allem eine Erleichterung dar, da nicht nur bei vielen Systemdiensten, beispielsweise in Microsoft Netzen, die Empfehlungen gelten, möglichst wenig Dienste parallel auf einem Rechner laufen zu lassen um ein eventuelles Fehlverhalten leichter eingrenzen zu können, sondern einige Anwendungsprogramme expliziert das Ausführen bestimmter anderer Serverdienste auf dem gleichen Rechner verbieten und als Konsequenz den Entzug des Supports im Fehlerfall androhen.

Ein weiterer Trend geht in die Richtung durch Paravirtialisierungslösungen nicht mehr eigenständige Lösungen zu verbreiten, sondern diese direkt in etablierte und weit verbreitete Betriebssysteme einzubauen und mit diesen zu installieren. So ist Xen in den aktuellen Versionen von SuSE Linux , Fedora Core Linux und OpenSolaris bereits integriert und wird mit diesem ausgeliefert. Dies erleichtert den Einstieg und erhöht die Motivation, eine entsprechende Umgebung aufzusetzen. Langfristig soll Xen sogar allgemein in den Linux-Kernel aufgenommen[18] werden und stände damit unter allen Linux-Distributionen zur Verfügung.

Ein weiterer Trend geht in die Richtung, durch Kombination von Virtualisierung und Server-based-Computing in Arbeitsumgebungen PCs durch kompaktere und sparsamere Thin Clients

---

[18] Von vielen Linux-Kernentwicklern wird die Integration einer Virtualisierungsunterstützung in den Linus-Kernel befürwortet. Allerdings wird aktuell bereits kontrovers diskutiert, ob dies Xen oder eine andere Lösung sein soll (http://www.heise.de/newsticker/Diskussion-um-Xen-im-Linux-Kernel--/meldung/134025)
Eine ausführliche Erläuterung der Diskussionsmotivation ist beispielsweise hier zu finden:
http://blog.codemonkey.ws/2008/05/truth-about-kvm-and-xen.html

zu ersetzen und somit die Rechenlast wieder zu zentralisieren, den Benutzern aber weiterhin den Komfort und die Flexibilität einer eigenen Betriebssystemumgebung zu bieten.

9. Zukunftsprognose

Der Markt für Virtualisierungssoftware befindet sich bereits seit längerem in einer Boom-Phase dessen Ende noch nicht abzusehen ist. Laut einem Bericht der Marktforschungs- und Beratungsfirma Gartner[19] soll der Markt im Jahre 2009 um 43% von 1,9 Milliarden Euro auf 2,7 Milliarden Euro wachsen[20]. Ebenso soll der Anteil von Desktop-Virtualisierung und komplexen virtuellen Desktop-Infrastrukturen weiterhin wachsen und damit einhergehend den Bedarf an Server-Virtualisierung vergrößern. Dieses Wachstum soll trotz und teilweise auch wegen der aktuellen Wirtschaftskrise statt finden, da in solchen Zeiten Wirtschaftlichkeitsaspekte wie die Total Cost of Ownership noch weiter in das Betrachtungszentrum der Unternehmen rücken.

Mit Blick auf die Marktteilnehmer erwartet Gartner, dass der Späteinsteiger im Virtualisierungsmarkt Microsoft um das Jahr 2013 den jetzigen Marktführer VMware ablösen wird. Diese Entwicklungmöglichkeit ist realistisch, da Microsoft durch seine faktische Monopolstruktur im Betriebssystembereich im Office-Bereich in seinen zukünftigen Betriebssystemen für seine Server- und Desktop-Infrastruktur-Virtualisierungslösungen optimierte Schnittstellen ab Werk mitliefern kann. Die Situation ist grob vergleichbar mit dem „Browser-Krieg" der 1999er Jahre, in dem Microsoft, auch hier als Späteinsteiger, durch Integration des „Internet Explorer" Wcbbrowsers in seine Betriebssysteme eine vorherrschende Stellung erlangen konnte und trotz Monopolprozessen und später wieder erstarkter Konkurrenz heute noch besitzt.

Eine weitere Analogie zum Browsermarkt ist durch den Trend gegeben, die Software kostenlos bereitzustellen, nicht mehr ausschließlich Servervirtualisierungslösungen als „Einstiegsprodukte", sondern ebenso die komplexeren Infrastrukturvirtualisierungslösungen. So gab Citrix kürzlich bekannt[21], dass die nächste Version des XenServer kostenlos nutzbar sein soll. Einerseits reagieren die Anbieter damit auf den Druck, der durch die kostenlos verfügbaren und leistungsfähigen Open Source Lösungen entstand, andererseits können so Produkte auch in Umgebungen Fuß fassen, in denen die hohen Lizenzkosten einer kommerzielle Lösungen eine Einführung bislang im Wege standen. Da eine betriebliche IT-Infrastruktur meist den

---

[19] http://www.computerwoche.de/1887063
[20] Solche Nachrichten und Prognosen, gerade wenn sie von Unternehmen stammen, die in diesem Bereich Beratungsleistungen anbieten, sollten eher vorsichtig bewertet werden. Ein hohes Wachstum in diesem Markt ist jedoch eindeutig zu verzeichnen.
[21] http://www.heise.de/newsticker/meldung/print/133363

Trend zum Wachstum besitzt können so potentielle Kunden der größeren, kostenpflichtigen Lösungen und von Supportverträgen nachwachsen.

10. Literaturangaben

Diverse Autoren: Alles über: Virtualisierung, in: Technical Review, 01(2006/2007).

Fischer, Hofer: Lexikon der Informatik, 14. Aufl., Berlin Heidelberg: Springer Verlag, 2008.

Goldberg, Robert P: Architectural Principles for Virtual Computer Systems New York: ACM, 1973. (zugl. Diss. 1973 Harvard University Cambridge MA Div. of Engineering and applied physics).

Joos, Thoms: Planungsbuch Microsoft-Netzwerke, 1. Aufl. 2006, München: Addison-Wesley, 2006.

Moore, Gordon E: Cramming more components onto integrated circuits, in: Electronics, 38 (1965).

Popek, Gerald J.; Goldberg, Robert P: Formal Requirements for Virtualizable Third Generation Architectures, in: Communications of the ACM 17(1974).

Runge, Roland, u.a.: VMWare Infrastructure 3 im Business Umfeld, 1. Aufl. 2009,München: Addison Wesley, 2009.

Sanghera, Paul: Sun Certified System Administrator for Solaris 10 Study Guide, 1. Aufl. 2006, Emeryville California: McGraw-Hill/Osborne, 2006.

Sprang, Henning u.a.: Xen – Virtualisierung unter Linux, 1. Aufl. 2007, München: Open Source Press, 2007.

Thorns, Fabian: Das Virtualisierungs-Buch, 2. Aufl. 2008, Böblingen: C&L Computer und Literaturverlag, 2008.

Zimmer, Dennis: VMware und Microsoft Virtual Server, 1. Au fl. 2005, Bonn: Galileo Press, 2005.

11. Abbildungsverzeichnis